AF369662

COLLECTION

DE

M. LE DOCTEUR C***

TABLEAUX

MODERNES

Me CHARLES OUDART, COMMISSAIRE-PRISEUR

.M. ÉMILE BARRE, EXPERT

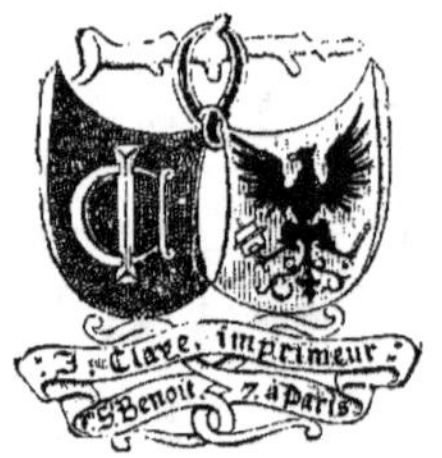

Clave, imprimeur
S. Benoit, 7, à Paris

TABLEAUX

MODERNES

CONDITIONS DE LA VENTE

Elle sera faite au comptant.

Les adjudicataires payeront cinq pour cent en sus des enchères, applicables aux frais.

CATALOGUE

DES

TABLEAUX

MODERNES

COMPOSANT LA COLLECTION

DE

M. LE DOCTEUR C***

DONT LA VENTE AURA LIEU

HOTEL DROUOT, SALLE N° 3

Le Mercredi 2 Juin 1869

A TROIS HEURES ET DEMIE

Par le ministère de M⁰ CHARLES OUDART, commissaire-priseur

26, BOULEVARD DES ITALIENS

Assisté de M. ÉMILE BARRE, expert, 20, rue de la Chaussée-d'Antin

Chez lesquels se distribue le présent Catalogue.

EXPOSITIONS

PARTICULIÈRE, LE LUNDI 31 MAI 1869

PUBLIQUE, LE MARDI 1ᵉʳ JUIN

De 1 à 6 heures.

DÉSIGNATION

ANASTASI

1. — Environs de Dordrecht.

Haut. 0,19 cent. ; larg. 0,32 cent.

BRISSOT

2. — Le Chemin de halage.

Haut. 0,14 cent.; larg. 0,27 cent.

CHAVET

3. — Artiste à son chevalet.

Haut. 0,24 cent. ; larg. 0,18 cent.

DAUBIGNY

4. — Les Bords de l'Oise.

Haut. 0,20 cent. ; larg. 0,32 cent.

DAUBIGNY

5. — Village au bord de la Seine.

Haut. 0,38 cent. ; larg. 0,66 cent.

DAUBIGNY

6. — Les Bords de l'Oise.

Haut. 0,40 cent. ; larg. 0,72 cent.

DECAMPS

7. — Arrivée de Napoléon à Compiègne (clair de lune).

Haut. 0,32 cent. ; larg. 0,44 cent.

DELACROIX (Eug.)

8. — Arabes au repos.

Haut. 0,36 cent. ; larg. 0,28 cent.

DREUX (Alf. de),

9. — Le Pansage.

Haut. 0,48 cent. ; larg. 0,68 cent.

DIAZ

10. — Dessous de bois.

Haut. 0,55 cent. ; larg. 0,45 cent.

DIAZ

11. — Environs de Barbizon.

Haut. 0,32 cent. ; larg. 0,40 cent

DIAZ

12. — Vue prise dans la forêt de Fontainebleau.

Haut. 0,50 cent.; larg. 0,70 cent.

DIAZ

13. — Route à travers bois.

Haut. 0,32 cent.; larg. 0,32 cent.

DUPRÉ (Jules)

14. — Le Chêne des Landes.

Haut. 0,40 cent.; larg. 0,58 cent.

FICHEL

15. — Le Coup de l'étrier.

Haut. 0,26 cent.; larg. 0,20 cent.

FRÈRE (Tʜ.)

16. -- Le Kankalil au Caire.

Haut. 0,40 cent.; larg. 0,25 cent.

GIRARDET (Kᴀʀʟ)

17. — L'Adour dans les Landes.

Haut. 0,16 cent.; larg. 0,24 cent.

HEILBUTH

18. — Le Secret.

Haut. 0,24 cent.; larg. 0,18 cent.

ISABEY

19. — La Promenade au bord de la mer.

Haut. 0,57 cent.; larg. 1 mètre.

JACQUE (Cʜ.)

20. — La Gardeuse de moutons.

Haut. 0,40 cent.; larg. 0,32 cent.

JACQUE (Cʜ.)

21. — La Rentrée à la ferme.

Haut. 0,44 cent.; larg. 0,68 cent.

JONGKIND

22. — Village de la Hollande.

Haut. 0,33 cent.; larg. 0,50 cent.

JONGKIND

23. — Environs de Paris.

Haut. 0,32 cent.; larg. 0,45 cent.

LAMBINET

24. — Les Laveuses.

Haut. 0,25 cent.; larg. 0,40 cent.

LUMINAIS

25. — Le Coin du feu.

Haut. 0,80 cent.; larg. 0,64 cent.

LUMINAIS

26. — Guerriers gaulois à cheval.

Haut. 0,30 cent.; larg. 0,40 cent.

PLASSAN

27. — La Marchande de gibier.

Haut. 0,12 cent.; larg. 0,15 cent.

RAHOULT

28. — La Dîme.

Haut. 0,24 cent.; larg. 0,18 cent.

RAHOULT

29. — Sous la treille.

Haut. 0,24 cent.; larg. 0,18 cent.

RIBOT

30. — Giotto & Cimabué.

Haut. 1^m,00 cent.; larg. 0,70 cent.

ROUSSEAU (Th.)

31. — Environs de Fontainebleau.

Haut. 0,44 cent.: larg. 0,62 cent.

ROUSSEAU (Th.)

32. — Effet de lune à travers une forêt.

Haut. 0,53 cent.; larg. 0,55 cent.

TASSAERT

33. — Le Sommeil de l'innocence.

Haut. 0,40 cent.; larg. 0,30 cent.

TROYON

34. — La Rentrée à la ferme.

Haut. 0,70 cent.; larg. 1^m,00 cent.

VEYRASSAT

35. — Le Bac.

Haut. 0,32 cent.; larg. 0,60 cent.

ZIEM

36. — Le Quai des Esclavons à Venise.

Haut. 0,42 cent. ; larg. 0,62 cent.

ZO (ACHILLE)

37. — Le Marchand arabe.

Haut. 0,45 cent. ; larg. 0,37 cent.

PARIS. — J. CLAYE, IMPRIMEUR, 7, RUE SAINT-BENOÎT. — [746]